Dein Engel und du

vom Engel Metathron und Christiane Sautter

Illustrationen:
Manuela Rosenkind

Erstveröffentlichung

8. Auflage 1993
Satz: Indragni, Ascheberg-Herbern
Druck: Steinmeier, Nördlingen
ISBN 3-924161-22-4
Printed in Germany

DEIN ENGEL UND DU

vom
Engel Metathron und
Christiane Sautter

ch. falk-verlag

Was in dem Buch steht

Hallo, du!

Ja, ich meine dich!
Ich bin dein Engel.
Du kannst mich nicht sehen,
doch ich bin da.
Ich stehe ganz nahe bei dir,
ein wenig hinter dir
und ein wenig neben dir.
Du kannst mich fühlen, wenn du magst.
Schließe für einen Moment deine Augen
und lehne dich etwas zurück in meine Arme.
Ich beschütze dich.
Ich passe auf,
daß dir nichts geschieht.

Willst du wissen, wie ich aussehe?

Ich sehe so ähnlich aus wie du. Ich habe einen Körper mit einem Kopf, Armen und Beinen. Ich habe Haare, ein Gesicht mit Nase, Mund, Augen und Ohren, und ich habe auch Hände und Füße.

Doch ich habe keine Flügel.

Bist du jetzt enttäuscht?

Ich will es dir erklären. Du ziehst Kleider aus Stoff oder Wolle an, in den Farben, die dir gut gefallen. Ich trage ein Lichtkleid, ein ganz wunderschönes Kleid, genauso schön wie deine Lieblingssachen. Die Farben von meinem Kleid verändern sich, je nachdem, wie es dir geht. Wenn es dir gut geht und du lachst und fröhlich bist, leuchtet mein Kleid in fröhlichen Farben, in rot, gelb, blau, türkis und gold. Wenn du traurig bist, dann nehme ich dich in meine Arme, und mein Kleid strahlt dann in rosa, violett und silber, um dich zu trösten. Wenn du wütend oder bockig bist, leuchtet mein Kleid in grün, um dich zu beruhigen. Wenn ich mich bewege, dann weht das Lichtkleid wie eine Gardine im Wind um mich her. Und die Menschen, die noch keine Übung im Engel-Sehen haben, hielten das wehende Kleid für Flügel. Doch jetzt bin ich zu dir gekommen, um dir zu erzählen, wie es mit uns Schutzengeln wirklich ist.

Meine Haare sind wie deine Haare, nur etwas feiner, weil es Engelshaare sind.

Meine Augen haben dieselbe Farbe wie deine Augen, nur etwas heller, weil es Engelsaugen sind.

Ich schaue dieselben Dinge an, die du anschaust. Ich bin dir so nahe, daß ich das sehe, was du siehst, und das höre, was du hörst.

Meine Hände und Arme brauche ich dazu, um dich schützend zu umfassen. Mit meinen Engelsfüßen stehe ich neben dir, oder ich begleite dich, wenn du spazieren gehst. Doch das tue ich nur, um dir nahe zu sein. Denn wir Engel müssen nicht mit unseren Beinen laufen, wenn wir irgendwohin wollen. Wir denken uns unser Ziel aus, und schon sind wir da. Das funktioniert so ähnlich, wie wenn du bei den Schulaufgaben sitzt und viel lieber nach draußen möchtest. Dann kannst du die Wiese mit dem Bächlein und dem wunderbaren Kletterbaum so genau vor dir sehen, als wenn du dort wärest. Fast riechst du den Duft des Grases und der Blumen und hörst das Bächlein plätschern. Wenn du die Augen schließt, könntest du vergessen, daß du in deinem Zimmer über den Schulaufgaben sitzt. Wir Engel stellen uns unser Ziel genauso vor, und — schwupps, sind wir da.

Doch wenn wir das Amt des Schutzengels haben, wenn wir also ein Menschenkind von seiner Geburt bis an das Ende seines Lebens hier auf der Erde begleiten, dann gehen wir mit ihm seine Schritte und folgen ihm auf Füßen, wohin es auch gehen mag.

Ich freue mich, dein Engel zu sein, und ich bin glücklich, daß wir uns jetzt immer besser kennenlernen.

Das Engelnamenspiel

Wir wollen ein Spiel zusammen spielen, ein ganz wichtiges Spiel, das Engelnamenspiel. Du wirst mir einen Namen geben, denn ich bin dein Schutzengel. Alle Menschen haben einen Schutzengel, und ich bin dein Engel. Deshalb sollst du mir einen Namen geben.

Das Spiel geht so:

Schließe deine Augen. Du kannst dir jetzt schon gut vorstellen, wie ich aussehe. Wir beide stehen auf einer schönen grünen Wiese. Die Blumen blühen und duften. Ich stehe vor dir, und wir beide schauen uns an. Wie lieb ich dich habe! Jetzt schau auf zum Himmel. Siehst du ihn schon? Den bunten Luftballon, der sanft wie eine Feder genau auf dich zufliegt? An sein Ende ist eine goldene Schnur geknüpft, und an dieser Schnur flattert ein kleines Briefchen. Jetzt sinkt er genau in deine ausgebreiteten Arme. Öffne jetzt den Briefumschlag und zieh das Briefchen heraus. Ich stehe neben dir und schaue dir zu. Auf dem Blatt steht mit goldener Tinte mein Name geschrieben. Schreibe ihn in unser Buch, denn er ist ein wichtiger Name.

Ich danke dir, daß du mitgespielt hast. Wir Schutzengel sind so froh, wenn wir einen Namen bekommen. Du hast genau den richtigen Namen für mich gefunden. Er paßt zu mir. Wenn du mich brauchst, dann rufe mich mit diesem Namen. Dann wirst du noch mehr fühlen, daß ich ganz nahe bei dir bin.

NAME DES ENGELS

Das Land,
aus dem wir gekommen sind

Ich will dir eine Geschichte erzählen, eine Geschichte aus dem Land, in dem wir lebten, bevor wir, du als Menschenkind und ich als Engel, auf diese Erde gekommen sind.

Ganz weit von hier und doch ganz nahe lebten wir in diesem wunderschönen Land. Du konntest mich sehen, wir waren unzertrennlich und liebten uns sehr. Wir hatten alles, was wir wollten, Spaß, Freude, denn wir waren zu Hause, nahe bei unserem Vater. Wir waren den ganzen Tag mit all den anderen zusammen, haben gespielt, getanzt und herrliche Abenteuer erlebt. Man konnte uns fast nicht voneinander unterscheiden, so ähnlich waren wir uns.

In diesem Land ist es ganz anders als hier auf der Erde. Dort geht jeder Wunsch sofort in Erfüllung, denn dort kann man nur gute Wünsche wünschen. Stell dir vor, du hast Hunger auf Schokoladenpudding, und schon steht duftend einer vor deiner Nase. Oder du möchtest gerne baden, und gleich macht dir ein See mit seinem kühlen Wasser die Zehen naß. Und wenn du deine Freunde sehen willst, kommen sie schon angelaufen, und einer ruft dir zu: „Rate, was ich mir für ein herrliches Spiel ausgedacht habe!" In diesem Land konntest auch du von einem Ort zum anderen gelangen, ohne deine Beine anzustrengen.

In diesem Land ist Frieden. Es gibt keinen Streit, denn jeder hat alles, was er will, um glücklich und zufrieden zu sein. Keiner will dem anderen etwas wegnehmen. Alle leben glücklich zusammen. Es gibt keine Angst. Keiner weint. Man kann auch nicht hinfallen und sich wehtun.

Die Tiere in diesem Land haben auch keine Angst, weil keiner ihnen etwas zuleide tut. Sie sind alle zahm, man kann mit ihnen spielen, und du konntest mit ihnen sprechen. In diesem Land konntest du die Sprache der Tiere verstehen, denn sie sprechen auch auf der Erde, doch gibt es nur ganz wenige, die sie verstehen. Große Schmetterlinge fliegen dort herum und streicheln dich mit ihren Schwingen. Wunderschöne Vögel singen dir ihre neuesten Kompositionen vor, und die Hasen kennen nichts Schöneres, als von dir gekrault zu werden. Dann kommt das Reh und legt sich vor dir nieder, um dich auf seinem Rücken spazieren zu tragen. Die Fische im See stubsen dich liebevoll mit ihren Mäulern, und der große Adler trägt dich weit hinauf in die Luft, um dir eine besonders schöne Aussicht zu zeigen.

Und immer war ich, dein Engel, bei dir, und wir freuten uns an den Geschöpfen Gottes.

Lange Zeit haben wir in diesem Land gelebt. Und dann hast du beschlossen, auf die Erde zu kommen, um all die Menschen wieder daran zu erinnern, in welchem Land sie eigentlich zu Hause sind. Denn du hast gesehen, wie unglücklich sie alle sind, weil sie das Land vergessen haben. Und ich, dein Engel, bin mit dir gekommen, um dir dabei zu helfen und dich zu erinnern, wenn du vergißt, was du eigentlich auf der Erde tun wolltest. Du wolltest die Menschen an die herrlichen Spiele erinnern, die wir alle zusammen in diesem Land gespielt haben, daran, daß alles besser geht, wenn man sich lieb hat. Daß für alle genug da ist, und keiner dem anderen etwas wegnehmen muß, und daß jeder Mensch einen Engel hat, der ihm hilft, wenn er ihn darum bittet. Doch die Reise auf die Erde war lang, und auf so einer langen Reise kann man schon mal was vergessen.

Aber jetzt bin ich da und erzähle dir alles wieder ganz genau, damit wir alle zusammen wieder den gleichen Spaß haben wie zu Hause in unserem Land.

Wasserdusche und Engeldusche

Jetzt kennen wir uns schon richtig gut, findest du nicht? Eigentlich sind wir ja Zwillinge. Jeder Mensch hat seinen Engelzwilling, doch wenn die Menschen diesen Engel nicht kennen, kann er ihnen nicht so gut helfen. Verstehst du das? Diese Menschen fühlen sich oft allein, und der Engel steht traurig daneben und kann nicht viel tun. Willst du den anderen Menschen von ihrem Engelzwilling erzählen?

Ich will dir erzählen, wie ich dich den ganzen Tag über begleite. Du kannst mich ja noch nicht sehen, doch fühlst du mich schon immer besser. Schließe kurz deine Augen und lehne dich zurück in meine Arme. Wie lieb ich dich habe!

Morgens, wenn du aufwachst, gähnst und dir die Augen reibst, stehe ich neben deinem Bett. Engel müssen nicht schlafen. Wenn du schläfst, schläfst du für mich mit.

Ich begleite dich ins Badezimmer. Du wäschst dich, putzt deine Zähne und stellst dich unter die Wasserdusche.

Ich stelle mich unter die Engeldusche.

Schade, daß du sie nicht sehen kannst. Du wärest begeistert. Oder, vielleicht siehst du sie ja doch ein ganz kleines bißchen, wenn ich sie dir genau beschreibe:

Aus dieser Dusche kommt kein Wasser. Engelduschen sind Lichtduschen. Du erinnerst dich sicher daran, daß mein Kleid aus Licht ist, und deshalb brauche ich eine Lichtdusche. Engel duschen nämlich immer mit Kleidern! Während du also unter deiner Wasserdusche stehst oder in deiner Wasserwanne planschst, stehe ich direkt daneben unter meiner Lichtdusche. Und wenn du mit Wasser spritzt, spritze ich mit Licht zurück. Aus meiner Lichtdusche perlen unzählige viele Lichttropfen, und manchmal versuche ich, diese Tropfen mit dem Mund aufzufangen, genau wie du. Das macht Spaß!

Zähne putzen muß ich nicht, denn wir Engel essen nicht. Jeder Engel ernährt sich von der Liebe, die sein Menschenzwilling in seinem Herzen trägt. Keine Sorge, auch wenn du mal zornig bist, muß ich nicht hungern. Denn in deinem Herzen bist du ein liebes Kind, und ich muß es schließlich wissen, denn ich bin ja dein Engel! Die Liebe in deinem Herzen tut mir genauso gut wie dir ein frisches Frühstücksbrötchen oder Spaghetti mit Tomatensoße.

Danach begleite ich dich auf dem Weg zur Schule, nach draußen zum Spielen oder wo du sonst noch hingehen magst. Ich passe auf, wenn du nicht achtgibst. Sicher hast du mich schon gehört, wenn ich dir an der Straße gesagt habe: „Halt, gehe nicht, da kommt noch ein Auto!“ oder „Klettere lieber nicht auf diesen Baum. Schau, er ist alt und seine Äste sind morsch.“ Ich gebe dir den Gedanken ins Herz, der dir sagt: „Ich will doch lieber nach Hause gehen. Die Mutter wartet sicher schon auf mich.“ oder „Wenn ich die Schulaufgaben gleich mache, wird es mir leichter fallen, und danach habe ich noch genug Zeit zum spielen!“ So bin ich immer bei dir, und wenn du auf mich hörst, kannst du dir eine ganze Menge Ärger ersparen. Denn ich bin dein Engel und habe dich lieb!

Ich helfe dir, wenn du mich fragst

Jetzt sage ich dir, was du tun mußt, wenn du mit mir sprechen oder mich etwas fragen willst. Es ist ganz einfach, du mußt es nur ein bißchen üben.

Schließe deine Augen, lehne dich ein wenig zurück und fühle meine Nähe. Rufe mich bei dem wunderbaren Namen, den du mir gegeben hast. Dann sieh mich, wie ich vor dir stehe. Du weißt ja, wie ich aussehe, so wie du, nur engelhafter. Wir schauen uns glücklich an, denn wir sind alte Freunde. Dann kannst du dich mit mir unterhalten oder etwas fragen.

Du könntest mich fragen: „Lieber Schutzengel, bitte sage mir, worauf ich heute achten soll." oder „Ich habe heute in der Schule ein schweres Diktat zu schreiben. Bitte hilf mir, wenn ich nicht mehr weiter weiß." oder „Ich möchte mich so gerne wieder mit meinem Freund vertragen. Sag mir doch, wie ich es am besten mache." Dann sei ganz still, schaue mich an und höre die Antwort in deinem Herzen. Plötzlich weißt du sie. Damit es wirklich funktioniert, mußt du ganz still sein, denn Engel antworten sehr leise.

Zuerst wirst du etwas länger brauchen, um meine Antwort zu verstehen. Doch wenn wir öfter miteinander sprechen, geht es immer schneller. Wenn du nachmittags über deinen Schulaufgaben sitzt, kann ich dir dabei helfen, wenn du mitmachst. Ich kann dir beim Rechnen und Schreiben helfen, wenn du mich läßt. Wenn du nicht mehr weiter weißt, ärgere dich nicht, werde nicht traurig oder zornig, sondern erinnere dich, daß du einen Engel hast, der dir helfen kann. Schließe die Augen, werde einen Moment still und sieh, wie ich vor dir stehe und dir zulache. Sage meinen Namen und frage: „Was mache ich denn falsch? Hilf mir bitte, diese Aufgabe zu lösen.“ Und dann lausche, werde ganz still, denn Engel antworten leise. Wenn du meine Antwort fühlst, wirst du wissen, wie es geht.

Ich helfe dir auch, wenn du Schreiben lernst und die Buchstaben nicht so schön gerade gelingen. Rufe mich zu Hilfe, werde still und fühle, wie meine Hand deine Hand führt. Dann werden die Buchstaben schön gerade und leserlich.

Doch eines kann ich nicht für dich tun: Ich kann nicht für dich lernen! Vielleicht hast du gedacht: „Wie praktisch! Ich habe einen Engel, und der ist sowieso viel klüger als ich. Dann höre ich doch lieber auf, mich selber anzustrengen und überlasse ihm die Arbeit.“

Ich muß dich enttäuschen. Ich kann dir nur helfen, ich kann dir keine Arbeit abnehmen, die für dich bestimmt ist. Außerdem habe ich schon genug mit dem Helfen zu tun, und wir wollen uns doch die Arbeit teilen, wie richtig gute Freunde, findest du nicht?

Frage mich also den ganzen Tag, so oft du willst. Ich bin dein Engelzwilling und kann dir helfen. Doch denke daran, daß es nur funktionieren kann, wenn du still bist. Denn du weißt ja, Engel antworten leise.

Engelfunk

Eine meiner wichtigsten Beschäftigungen ist, mich mit den Engeln der Menschen abzusprechen, die mit dir zusammen sind. Du mußt wissen, daß wir Schutzengel miteinander beratschlagen. Dazu brauchen wir kein Telefon. Wir haben ja Engelfunk.

Das funktioniert so: Ich stelle mir den Engel, mit dem ich sprechen will, genau vor. Dann rufe ich: „Hallo, hallo, Engel der Mutter des Kindes, das ich hier beschütze, ich muß dringend mit dir sprechen!“ Dann schicke ich diesem Engel einen Lichtstrahl in orange, der ihn mitten auf der Stirn kitzelt. So merkt er, daß ihn jemand sprechen will. Dann schaut er einfach an dem Lichtstrahl entlang, den ich ihm geschickt habe und kommt automatisch bei mir an.

Ich sage dann zum Beispiel zum Engel deines Vaters: „Gib ihm doch ins Herz, daß sie sich wirklich beim Rechnen anstrengt. Doch es ist nicht ihre Stärke, und sie ist sehr traurig, daß der Vater glaubt, sie lerne nicht genug. Sage ihm, er solle sich mehr für ihre Bilder interessieren. Sie malt wirklich wunderschön.“ Oder ich sage zum Engel deiner Mutter: „Sage ihr doch, daß sie nicht immer so ärgerlich sein soll, wenn er seine Hosen beim Fußballspielen zerreißt. Er macht es doch nicht extra, und er braucht das Herumtoben, um glücklich zu sein.“

Doch wenn du mal gar nicht auf mich hören willst, sage ich zum Engel deiner Mutter: „Du mußt mit ihr reden. Es gibt da ein Problem mit den anderen Kindern, weil sie immer rechtbehalten will.“ Verstehst du, daß ich dich damit nicht verpetze? Ich kenne dein Herz und weiß, daß es voller Liebe ist. Doch manchmal vergißt du, aus welchem Land du eigentlich kommst und machst dich selbst unglücklich, weil du glaubst, daß du unbedingt streiten mußt. Du hast vergessen, wie wir alle zusammen in dem herrlichen Land gespielt haben und wie glücklich wir dabei waren. Du hast vergessen, wie leicht alles ist, wenn wir einander liebhaben und daß man nicht böse sein muß, wenn ein anderer etwas denkt, was du nicht richtig findest. Du hast vergessen, wie schön es ist, mit den anderen zu teilen, anstatt alles für dich behalten zu wollen. Und ich, dein Engel, will nicht, daß du unglücklich bist, und erinnere dich durch den Engel deiner Mutter daran, daß du glücklich sein könntest. Hast du das verstanden?

Übrigens, wenn es dich mal an der Stirn kitzelt, will dich bestimmt ein Engel sprechen!

Hilft der Engel immer?

Ein Engel hilft immer, nur manchmal anders, als die Menschen sich das vorstellen. Am liebsten helfen die Engel so, daß das ihnen anvertraute Menschenkind glücklich und zufrieden ist. Das gelingt dann am leichtesten, wenn sich das Menschenkind mit seinem Engel berät und dessen Ratschläge befolgt.

Doch manchmal ist es so, daß das Menschenkind nicht still genug ist, um die leise Sprache seines Engels verstehen zu können. Dann läßt der Engel zu, daß etwas geschieht, um das Kind aufzuwecken.

Ich gebe dir ein Beispiel: Wenn du sehr wild Fahrrad fährst und zu sehr mit dem Rasen beschäftigt bist, um meine leise Stimme zu hören, die dich warnt, dann lasse ich es zu, daß du hinfällst. Ich hoffe, daß du aufwachst und verstehst, daß du vorsichtiger fahren sollst, damit nichts Schlimmeres passiert.

Vielleicht glaubst du: „Ich habe ja einen Engel. Jetzt muß ich nicht mehr auf mich aufpassen, weil er das für mich tut.“ Doch so ist es nicht. Ich werde es dir erklären.

Erinnerst du dich an das Beispiel mit dem Lernen? Du hast die Aufgabe, zu lernen, und ich habe die Aufgabe, dir dabei zu helfen. Ich kann deine Aufgabe nicht für dich übernehmen, denn die Arbeitsteilung ist genau festgelegt, und auch ich muß mich daran halten.

Deshalb mußt du auch lernen, so gut du kannst auf dich aufzupassen. Ich kann es nicht für dich tun, denn du hast die Aufgabe, für dich selbst zu schauen, weil du für dich verantwortlich bist. Ich habe die Aufgabe, dir dabei zu helfen. Wenn du dir angewöhnst, mich um Rat zu fragen, kann gar nichts schiefgehen, denn unsere Aufgaben ergänzen sich. Du tust das, was du kannst, und den Rest übernehme ich.

„Wie ist es mit den Kindern, die krank sind und sterben oder die bei einem Unfall ums Leben kommen?“ wirst du jetzt fragen. „Warum hat der Engel ihnen nicht geholfen?“

Ein Engel hilft immer, denk daran. Er sieht die Situation nur engelhafter, denn er sieht mehr als du.

Weißt du, was geschieht, wenn ein Kind stirbt? Es wird von seinem Engel ins wunderbare Land geholt, und dort kann es so lange bleiben, wie es will. Den Kindern, die nicht mehr auf der Erde leben, geht es sehr gut. Ihre Engel haben genau gewußt, daß es Zeit für sie war, in ihre Heimat zurückzukehren.

Denke immer daran, daß ein Engel immer hilft. Wenn dir etwas Unangenehmes passiert, dann tue dir selbst den Gefallen und sprich mit mir darüber. Schließe deine Augen und sieh, wie ich vor dir stehe. Fühle meine Nähe und meine Liebe zu dir. Frage mich nach dem Sinn des unangenehmen Ereignisses. Und dann werde still und erwarte meine Antwort. Höre sie in deinem Herzen. Dann kannst du sicher sein, daß dir nichts mehr geschieht.

Denn ich bin dein Engel. Ich habe dich lieb.

Ich beschütze dich und passe auf, daß es dir gut geht.

Wir machen einen schönen Traum

Ein langer Tag liegt hinter dir. Wir haben viel zusammen erlebt, viel Schönes, aber auch Dinge, die dich ärgerlich, traurig oder bockig gemacht haben. Jetzt liegst du in deinem Bett, und ich stehe neben dir und wache. Damit du wirklich nur schöne Träume hast, wollen wir ein Spiel zusammen spielen. Es heißt: „Wir machen einen schönen Traum" und geht so:

Du liegst in deinem Bett. Schließe die Augen. Siehst du, daß ich neben dir stehe? Jetzt denke an den Tag zurück. Wie war es in der Schule? War alles gut, oder hast du irgendein unangenehmes Erlebnis gehabt? Hast du vielleicht eine Arbeit geschrieben und viel Angst dabei gefühlt? Sieh die Situation nochmal genau vor dir, und dann laß Blumen vom Himmel regnen, bis die ganze Luft davon erfüllt ist. Überall liegen Blumen, auf den Bänken, den Tischen, der Tafel und auf dem Boden. Sie duften herrlich, und ihr Duft nimmt alle schlechten Gefühle mit sich fort, alle Angst, allen Ärger. Spürst du, wie es dir immer besser geht? Schicke der Lehrerin einen Regenbogen aus den Farben, die du am liebsten hast. Ich stehe mit dir in dem Blumenmeer und werfe dir eine besonders schöne rosafarbene Blüte zu.

Hattest du Streit mit deinen Freunden, deinen Geschwistern oder mit den Eltern? Bist du richtig wütend auf sie? Fühlst du dich unverstanden? Waren sie gemein zu dir? Dann leihe ich dir jetzt meinen Engelblick aus. Du mußt mich nur bei meinem wunderschönen Namen rufen und mir sagen: „Bitte, leihe mir deinen Engelblick", dann hast du ihn schon. So ein Engelblick ist etwas ganz Besonderes. Mit ihm kannst du direkt ins Herz der anderen Menschen blicken, was sonst nur die Engel können. Und dann siehst du, daß in den Herzen der anderen auch nur Liebe ist. Plötzlich erkennst du deine Freunde aus dem wunderbaren Land.

Und vielleicht siehst du auch, daß sie genauso traurig sind über den Streit wie du. Gib jedem deiner Freunde eine Blume aus dem Himmel oder überschütte sie mit einem ganzen Blütenmeer, wenn du magst. Wie schön, daß du sie schon morgen wiedersehen kannst!

Ist etwas geschehen, was dich erschreckt und dir wehgetan hat? Bist du vom Fahrrad gefallen? Dann kannst du mich jetzt fragen, warum das geschehen ist. Ich werde dir den Sinn erklären, denn alles, was geschieht, hat einen Sinn. Vielleicht bist du viel zu wild gefahren und nur deshalb gefallen, um dich zu warnen, daß noch Schlimmeres geschehen könnte. Wenn du meine Antwort in deinem Herzen weißt, dann laß Blumen auf das Erlebnis regnen, bis du nur noch duftende Blüten vor dir siehst. Ich stehe neben dir, und wir beide freuen uns an dem wunderbaren Duft.

Hast du freudige Erlebnisse gehabt? Freue dich nochmal an ihnen und gib jedem Menschen, den du liebhast, eine Blume. Bestreue so jedes Erlebnis deines Tages mit Blüten.

Hat dir irgend etwas, das du gehört hast, Angst gemacht? Fürchtest du dich vor Einbrechern oder hast du einfach nur Angst im Dunkeln? Sind die Eltern nicht im Haus und erschreckst du dich deshalb vor jedem Geräusch? Du Liebes, genau deshalb bin ich ja bei dir, ich, dein Engel! Darum schlafe ich nicht, damit ich aufpassen kann, daß dir nichts geschieht! Erzähl mir alles, sag es mir, ich höre dir zu. Und dann lege ich eine große rosa Blüte auf dein Herz und nehme dich fest in meine Arme. Schau mich an. Wie lieb ich dich habe! Fühlst du, daß ich bei dir bin? Fühlst du dich beschützt und geborgen?

Lehne dich zurück in meine Arme. Wir beide werden heute Nacht unser wunderbares Land besuchen. Auf einem schneeweißen Vogel werden wir dorthin fliegen. Siehst du ihn schon? Auf seinem Rücken liegt ein goldener Sattel, und er trägt ein goldenes Halsband, an dem goldene Zügel befestigt sind. Steig auf, setze dich hinter mich und halte dich an mir fest. Schon hebt der Vogel die Schwingen und fliegt weit, weit hinaus, hinaus zu unserem wunderbaren Land, in dem es keine Angst, nur Freude gibt.

Der Ritt auf dem schneeweißen Vogel. Meine „Gute-Nacht-Geschichte"

Weit breitete der Vogel seine Schwingen aus. Sein Gefieder glänzte silbern im hellen Schein der Sterne. Kräftig schlug er die Flügel auf und nieder und erhob sich langsam immer höher in die Lüfte. Das Wohnhaus blieb zurück, der Garten. Das Kind konnte gerade noch die Blumen sehen, wie sie müde im Wind an ihren Stengeln wippten. Ein Vogel wachte auf und guckte verwundert hinter ihnen her: „Na, so was", dachte er, „das muß ich morgen früh meinen Kindern erzählen!" Die ganze Stadt lag im Dunkeln, nur ein paar Straßenlaternen leuchteten. In der Ferne brummte ein Auto. Auf der Kirchturmspitze saß eine Eule und winkte freundlich mit dem Flügel: „Gute Reise, ihr beiden, gute Reise auf eurem schneeweißen Vogel."

Der hob und senkte seine kräftigen Schwingen und flog so schnell, daß der Wind dem Kind um die Nase brauste. Immer höher stieg er, und schon stießen sie durch die ersten Wolken, die sich wie weiche Watte um die beiden Reisenden schmiegten. „Schau", sagte der Engel, „die Wolken streicheln dich. Sie haben dich lieb. Alle haben dich hier lieb!" Das Kind hatte rote Backen vor Aufregung, erwiderte nichts und drückte sich noch enger an seinen Engel. „Gut, daß du dabei bist", murmelte es leise, „ohne dich wäre dieses Abenteuer viel zu aufregend für mich." Der Engel lachte sein glockenhelles Lachen. Wie Musik klang es, wie perlendes Wasser, wie Sternenlicht.

Plötzlich ertönte eine wohlklingende, singende Stimme: „Ich bin Mirio, euer schneeweißer Traumvogel. Ich trage euch in das wunderbare Land. Ihr habt doch sicher nichts dagegen, wenn wir einen kleinen Umweg über den gläsernen Wald fliegen? Gerade heute ist dort eine wichtige Versammlung meines Volkes, und ihr versteht doch, daß ich dabei sein möchte." „Ja, natürlich, Mirio", antwortete das Kind, „werden wir nicht stören?" „Aber nein", sang der schneeweiße Vogel, „sie werden sich freuen, so liebe Gäste begrüßen zu dürfen. Ein Menschenkind und sein Engel! Sie werden begeistert sein!" Der Engel drückte dem Kind die Hand und rief: „Der gläserne Wald! Du glaubst nicht, wie schön er ist. Ich freue mich, daß du ihn sehen wirst. Was für ein herrliches Abenteuer!"

Immer noch stieg der schneeweiße Vogel. Das Kind schaute auf die Erde hinab, die zwischen den Wolken im hellen Licht der Sterne wie eine Spielzeuglandschaft aussah. „Schau, dort, der Fluß", rief es voller Begeisterung, „er sieht aus wie eine silberne Schlange!" Und der Engel antwortete mit seinem silberhellen, sternklaren Lachen.

Plötzlich tat sich vor ihnen ein großes Tor aus weißen Wolkenziegeln auf, kunstvoll verziert mit glitzernden Sternschnuppenperlen. Das Kind wäre vor Begeisterung fast von seinem Sattel gesprungen, doch der Engel hielt es fest und sagte liebevoll: „Paß auf, Liebes, daß du nicht vom Sattel rutschst! Wir haben noch einen weiten Weg vor uns. Jetzt kommt die Wolkenstadt, in der die Wetterengel leben. Gleich dahinter liegt der gläserne Wald. Schau dich nur richtig um!"

Der schneeweiße Vogel verlangsamte seine Geschwindigkeit, und majestätisch glitten sie durch das große Tor. „Wie wunderschön das ist!" rief das Kind. „Schau, die Paläste und die herrlichen Blumen!" Hinter dem Tor zogen sich breite Straßen in unendliche Fernen, rechts und links standen gewaltige Paläste, alle aus weißen Wolkenziegeln gebaut, einer schöner als der andere, mit spitzen Türmchen, runden Kuppeln und weiten Balkonen. Viele Paläste waren von Gärten umgeben, in denen glitzernde Eisblumen wuchsen. Auf den Fensterbänken standen Töpfe mit Eisblumen, ja, manche Wetterengel schienen diese Blumen so zu lieben, daß sie selbst ihre Häuserwände damit berankten.

Auf den Straßen wimmelte es vor Wetterengeln, die je nach dem Wetter, für das sie verantwortlich waren, schnell oder gemächlich umhergingen. „Schau dort durch die Fenster", rief der Engel dem Kind zu, „dort sind die Schneeflockenengelchen bei ihrer Aufgabe!" und dabei deutete er auf die großen Fenster eines Palastes, der gerade vor ihnen lag. „Bitte, Mirio, flieg etwas näher", bat das Kind, und der Vogel flog ganz dicht an den Fenstern vorbei. Drinnen sprangen viele kleine Engelchen um einen großen Berg Schnee herum und kneteten eifrig Flocken daraus. An einem anderen Fenster standen etwas größere Engel und schickten die Flocken durch ein dafür bestimmtes Wolkenloch auf die Erde nieder.

Aus dem nächsten Palast erklang das dumpfe Grollen des Donners, und das Kind wollte sich schon ängstlich hinter seinem Engel verkriechen. Doch der lachte nur sein silberhelles, sternenklares, singendes Lachen und deutete auf das Haus: „Schau nur, das sind die Donnerengel! Ist es nicht lustig, wie sie herumspringen?" Da erst sah das Kind, daß viele größere Engel auf einer riesigen Pauke Trambolin sprangen, und immer, wenn sie alle zusammen aufgesprungen waren, grollte der dumpfe Donner. Dabei hatten sie alle ziemlich viel Spaß, denn sie lachten und juchzten. Das Kind mußte ebenfalls lachen: „Und ich hatte so viel Angst vor dem Donner! Gut, daß ich weiß, daß es nur die Donnerengel sind, die sich vergnügen."

Plötzlich flog Mirio eine große Kurve, und er hatte recht mit dem, was er tat. Denn sie passierten das Haus der Regenengel, die aus goldenen Gießkannen den kühlen Regen auf die Erde gossen und den Pflanzen und Tieren zu trinken gaben. Und wenn man diesem Haus zu nahe kam, wurde man eben mitgegossen. Das Kind streichelte zärtlich den Hals des schneeweißen Vogels, der sie so klug durch diese Stadt führte.

„Jetzt fliegen wir nur noch durch die Gasse der Eisbergengel, dann sind wir am gläsernen Wald", sang der schneeweise Vogel, „es wird euch doch hoffentlich nicht zu lang?" „Nein, es ist herrlich, es ist ganz wunderbar! So ein Abenteuer!" rief das Kind und streichelte wieder zärtlich den Hals des Vogels. Die Gasse der Eisbergengel führte auf einen weiten Platz. Und dort standen sie, riesig, mächtig, glitzernd in ihrer eiskalten Pracht. Ein Eisberg neben dem anderen, und auf ihnen die Eisbergengel mit Hammer und Meißel, die jedem Berg seine einzigartig schöne Form zu geben verstanden. Das Kind juchzte vor Vergnügen. Da gab es blauschimmernde, türkisschimmernde, rosaschimmernde, silbernschimmernde und grünschimmernde Eisberge, Eisberge mit zackigen Spitzen und Eisberge mit runden Kuppen, die geradezu zu einer Schlittenfahrt einluden. Manche waren mit Eisblumen verziert, andere hatten Girlanden aus Sternschnuppenperlen umgehängt. „Und wie kommen die auf die Erde runter?" wollte das Kind wissen. „Wir setzen jeden auf eine Wolke, dann gleiten sie sanft hinunter ins Meer", antworteten ihm viele helle Engelstimmen. „Vielen Dank", rief das Kind begeistert, „noch nie habe ich so wunderschöne Eisberge gesehen!" und winkte den Engeln zum Abschied zu.

Plötzlich stieg der schneeweiße Vogel hoch in die Lüfte, so hoch, daß die Haare des Engels im Sternenlicht glänzten. „Schaut hinunter", sang er, „schaut hinunter. Dort ist er, der gläserne Wald, indem ich zu Hause bin." Und voller Freude begann er zu singen, so klar, so lieblich, daß das Kind im Herzen berührt war und der Engel seine Hand drückte. Unter ihnen lag er, der gläserne Wald, und aus seinen Tiefen stieg eine wundersame Melodie empor. Jeder Baum tönte in der ihm eigenen Schwingung, jede Blume klang wie ein helles Glöckchen, und alles zusammen vereinte sich zu einer großartigen Melodie. „Schaut, an den Farben erkennt ihr, welche Familie dort unten in den Bäumen lebt. Hier, in der Mitte, dort, wo die Bäume grüngolden glänzen und die Musik wie tiefe Glocken klingt, dort leben die Glaswaldwächter. Sie passen auf, daß alle Blätter eines Baumes dieselbe Melodie singen, denn sonst gäbe es ein großes Durcheinander. Und dann räumen sie die abgefallenen Blätter und Zweige zusammen und schicken sie in die Wolkenstadt. Dort werden sie von den Engeln verpackt und auf die Erde geschickt, denn die Menschen machen ihr Glas daraus", erklärte Mirio mit seiner singenden Stimme.

„Dort hinten, wo es zartrosa schimmert, da tanzen die Glaswaldelfen, und dort drüben, siehst du, dort", und er deutete mit dem Schnabel in die Richtung, die er meinte, „dort, wo es so bläulich schimmert, da wohnen die Glaswaldsänger. Sie sind sehr wichtig, denn sie bringen jedem neuen Blatt und jeder neuen Blüte das Singen bei. Sie sind ganz klein und zart, damit sie keine Blume knicken, wenn sie auf ihren Blättern sitzen und die Blüten unterrichten. Höre einmal, wie schön sie singen!" Und wirklich klang von dort herauf eine so wunderbare Melodie, daß dem Kind ganz warm ums Herz wurde. „Doch wo bist du zu Hause, Mirio, wo wohnst denn du?" fragte es den Vogel. „Dort", sang das schneeweiße Tier, „dort, wo es so weiß schimmert wie mein Gefieder. Dort wohnen wir, das Volk der schneeweißen Traumvögel. Heute halten wir eine wichtige Versammlung ab, und ich glaube, ihr beide könnt uns helfen, unser Problem zu lösen." Der Engel streichelte dem schneeweißen Vogel sanft über den Kopf und antwortete: „Ich werde alles für dich tun, was in meiner Macht steht", und das Kind hopste aufgeregt auf dem Sattel hin und her und rief: „Ganz klar, daß ich alles für dich tun werde!" Da lachte der Engel wieder sein sternklares, glockenhelles, liebevolles Lachen.

Der Vogel begann sich in großen Schleifen der Erde zu nähern. Immer lauter wurde die wundersame Melodie des Waldes, immer deutlicher konnte das Kind die kunstvollen Formen der

Bäume ausmachen. Schließlich schwebten sie über einem weißglänzenden Blätterdach, und das Kind begann sich zu fragen, wo der Vogel Platz zum Landen fände. Da tat sich plötzlich unter ihnen eine kreisrunde Fläche auf, und der Vogel schwebte sanft hinunter. „Willkommen in meinem Zuhause, willkommen", sang Mirio, und gleich darauf tönte es aus allen Richtungen, ohne daß das Kind sehen konnte, wer es rief: „Willkommen im Land der schneeweißen Traumvögel, seid herzlich willkommen!" Das Kind rutschte aus seinem Sattel und faßte gleich den Engel bei der Hand. Der nahm Mirio bei seinen goldenen Zügeln, und zu dritt begannen sie, auf einen großen Baum mit weitausladenden Ästen zuzugehen. Aus allen Richtungen strömten schneeweiße Vögel in dieselbe Richtung, große und kleine, doch keiner hatte seinen goldenen Sattel auf dem Rücken oder das goldene Halsband mit den Zügeln umgehängt. Alle schauten bewundernd auf Mirio und seine beiden Begleiter, viele kamen heran, streichelten den beiden mit den Schwingen über die Arme und ließen sich gerne vom Kind am Hals kraulen.

Die Musik wurde immer leiser, je näher sie dem Baum kamen. Ehrfurchtsvoll verstummten Blätter und Blüten, denn dort saß, auf mehrere goldene Kissen gestützt, der König der schneeweißen Traumvögel. Sein Gefieder glänzte so weiß, daß es wie pures Silber schien, und ein goldenes Krönchen zierte seinen Kopf. Seine Augen blickten gütig, aber ernst auf die sich sammelnde Menge. Endlich waren alle angekommen und lagerten im weiten Halbkreis um den ehrwürdigen König. Plötzlich erblickte der König das Kind und den Engel. Freundlich winkte er ihnen, näher zu kommen, und der Engel trat mit strahlenden Augen vor den König hin. „Ich freue mich so, dich wiederzusehen, König der schneeweißen Traumvögel." sagte er. „Wie lange ist es her, daß wir uns nicht mehr gesehen haben!" Da schüttelte der König traurig sein Haupt und erwiderte: „Das ist ja das Problem, lieber Engel, doch gleich mehr davon. Wo ist denn das Menschenkind?“ Das Kind hatte sich schüchtern hinter dem Vogel versteckt, denn natürlich hatte es noch nie einen gläsernen Wald, noch nie viele tausend schneeweiße Traumvögel und erst recht nicht einen schneeweißen Traumvogelkönig gesehen. Doch Mirio stubste es liebevoll mit dem Schnabel und sang: „Habe keine Angst. Du kannst uns vielleicht helfen. Denke daran, daß du alles für mich tun wolltest!“

Da gab sich das Kind einen Ruck und stapfte vorwärts. Viele tausend Traumvogelaugenpaare folgten ihm bei jedem Schritt. Der Engel hielt ihm schon die Hand entgegen und stellte es dem König vor: „Hier ist das Menschenkind, das ich beschütze und das ich sehr lieb habe.“ „Ich grüße dich, liebes Menschenkind“, erwiderte der König. „Du mußt dich nicht fürchten. Wenn du nur wüßtest, wie sehr sich alle hier freuen, wieder einmal ein Menschenkind begrüßen zu können!“ Bei diesen Worten klatschten alle Traumvögel mit ihren Schwingen Beifall, und das klang, als wenn ganz plötzlich ein wilder Wind zu tosen begonnen hätte. „Setzt euch neben mich, liebe Gäste“, sagte der König und wies ihnen zwei Kissen zu seiner Rechten zu. „Und du, mein lieber Mirio, setze dich zu meiner Linken“, und damit bedeutete er dem Vogel das Kissen auf der anderen Seite.

„Ich will damit beginnen“, sprach der König, „unseren Gästen von dem Problem zu berichten, mit dem wir seit einiger Zeit hier zu tun haben. Wir alle“, und damit deutete er mit seiner Schwinge in die Runde, „sind Traumvögel und haben die Aufgabe, die Menschenkinder an der Schwelle des Schlafes abzuholen, um sie mit ihren Engeln in das wunderbare Land zu bringen. Dadurch bewahren wir die Menschenkinder vor schlechten Träumen. Diese Aufgabe haben wir immer schon besonders gern erfüllt, denn wir lieben die Menschenkinder und ihre Engel. Doch vor einiger Zeit begann es, daß unsere Dienste immer weniger in Anspruch genommen wurden.“ Er strich sich mit der Schwinge sorgenvoll über die Stirn. „Immer weniger Kinder riefen nach ihrem schneeweißen Traumvogel, denn immer weniger Kinder kannten ihren Engel. Statt dessen schliefen sie einfach ein, ohne das Traumspiel zu machen und ohne uns zu rufen. Sie werden von schlimmen Alpträumen geplagt, und wir können nicht helfen!" Ein Zittern lief durch seinen Körper, und einige der anwesenden Traumvögel begannen leise zu schluchzen. „Jetzt ist es so schlimm geworden, daß nur noch Mirio hier", er wies auf den Vogel zu seiner Linken, „von einem Menschenkind gerufen wird, denn dieses Menschenkind ist gut mit seinem Engel befreundet." Der Engel drückte dem Kind die Hand, und das Kind kuschelte sich ganz eng an ihn. „Doch er ist der einzige, der seinen goldenen Sattel noch trägt, und wir müssen untätig zusehen, wie die armen Kinder auf der Erde von schlechten Träumen geplagt werden. Wir wissen nicht mehr, was wir machen sollen. Weiß einer von euch einen Rat?" Dabei sah er bekümmert in die Runde.

Plötzlich sprang das Kind aufgeregt von seinem Kissen auf. „Ich hab's", rief es, „ich hab's!" Alle Köpfe wandten sich ihm zu. „Ehrwürdiger König, ihr lieben Traumvögel, ich weiß die Lösung. Sie ist ganz einfach, wir brauchen nur ein wenig Zeit. Ihr habt recht. Die Kinder auf der Erde wissen nichts mehr von den schneeweißen Traumvögeln, und deshalb ist die Lösung ja auch so einfach. Wenn ich erst wieder auf der Erde bin, werde ich allen Kindern, die ich kenne, von euch erzählen. Ich werde auch erzählen, daß jedes Kind seinen Engel hat, den es mitnehmen sollte, denn sonst ist das Abenteuer zu gefährlich. Wenn diese Kinder merken, wie herrlich es ist, auf dem Rücken eines Traumvogels hinter seinem Engel durch die Lüfte zu fliegen, und das jede Nacht, werden sie es wieder anderen Kindern erzählen, und so geht es immer weiter . . . und immer weiter . . ." „So ein guter Plan!" „Wir sind gerettet!" „Hoch lebe unser Retter, hoch lebe das Menschenkind!" Plötzlich war ein unheimlicher Tumult ausgebrochen. Alle schrieen durcheinander. Einige flogen vor Freude wilde Kapriolen, andere sprangen in die Luft und schlugen mit den Schwingen, und durch all dies Getöse klang sternenklar das helle Lachen des Engels, der dem Kind zurief: „Gut hast du es gemacht! Du hast die Lösung gefunden!"

Da stand der alte König von seinem Sitz auf, worauf sich alle Vögel sofort wieder setzten. Mit vor Rührung zitternder Stimme sprach er: „Ich danke dir im Namen meines Volkes. Du hast uns vor der Verzweiflung gerettet und die Menschenkinder vor den bösen Träumen. Zum Zeichen meines Dankes will ich dir die höchste Auszeichnung der schneeweißen Traumvögel überreichen!" und damit riß er sich mit dem Schnabel eine seiner wunderschönen, silbrig schimmernden Federn aus und überreichte sie dem Kind. Die Vögel klatschten wieder ihren tosenden Beifall. Doch das Kind stand vor dem König und überlegte, wie man sich bei einem König angemessen bedankt. Da hörte es die Stimme des Engels in seinem Herzen und faßte Mut. „Lieber Herr König", begann es noch etwas schüchtern, doch es fühlte die Gegenwart seines Engels schützend und beruhigend. „Lieber Herr König", sagte es noch einmal, „ich weiß nicht, wie man sich im Traumvogelland richtig bedankt, deshalb bedanke ich mich auf Menschenkinderart." Und es umarmte den alten König ganz sanft und drückte einen Kuß auf seine silbrigen Federn. Wieder toste der Applaus der Traumvögel, und der König erwiderte: „Du hast mir eine große Freude mit deinem Dank gemacht. Wir haben dich alle so liebgewonnen, daß wir dich nur ungern ziehen lassen. Doch steig jetzt wieder in den Sattel zu deinem Engel, spiele in dem wunderschönen Land und erzähle morgen früh den Kindern von uns."

Der Engel hatte Mirio bereits herangeführt, setzte sich in den Sattel und ergriff die Zügel. „Komm, Liebes!" rief er dem Kind zu, „komm, es wird Zeit für uns." Da setzte sich das Kind hinter seinen Engel und rief dem Vogel zu: „Flieg, Mirio, flieg zum wunderbaren Land.“ Der Vogel breitete die Schwingen aus, schlug sie kräftig auf und nieder und schwang sich langsam in die Lüfte. Alle Traumvögel winkten mit ihren Schwingen hinter ihnen her, und das Kind schwenkte seine Feder, bis das Land der Traumvögel seinen Blicken entschwand. Steil stieg der Vogel in die Lüfte, schnell flog er, schnell wie ein Pfeil. Und als er sich wieder in großen Schleifen der Erde näherte, sah das Kind unter sich voller Freude das wunderbare Land. All die anderen winkten ihnen entgegen, und der Wind trug das glockenhelle, sternenklare, liebevolle Lachen des Engels zu ihnen herab.

Mutter Erde und das wunderbare Land

Weißt du noch, was wir damals im wunderbaren Land beschlossen haben? Erinnerst du dich an die Bergkuppe, auf der wir mit den Vertretern der Tiere und der Pflanzen zusammen saßen?

Wir schauten über das wunderbare Land und dachten daran, wie glücklich wir alle hier sind. Und dann schauten wir auf die Erde.

Wir blickten auf diesen herrlichen Planeten und wurden ein wenig traurig. Denn wie anders als bei uns sah es dort aus! Die Menschen dort hatten alles vergessen, waren grausam zu der Erde, den Pflanzen und den Tieren, ja selbst zu den anderen Menschen. Sie hatten vergessen, daß der Planet durch die weise Hand des Schöpfers gelenkt wird, und hielten sich selbst für die Herrscher. Durch ihre unvernünftigen Eingriffe waren sie im Begriff, dem Planeten und seinen Bewohnern großen Schaden zuzufügen.

Die Pflanzenelfen hatten viel damit zu tun, die Zerstörungen aufzuhalten und die Menschen trotzdem noch mit guter Nahrung zu versorgen. Doch sie waren am Ende ihrer Kräfte, und viele Pflanzen wurden krank oder starben. Die Tiere versuchten das Ihre dazu zu tun, um der Erde zu helfen. Klaglos ertrugen sie die Behandlung der Menschen und nahmen in ihren Körpern Giftstoffe auf, um die Erde zu entlasten. Doch auch sie wußten nicht mehr weiter, denn viele von ihnen waren schon gestorben. Mutter Erde würde verloren sein, wenn wir ihr nicht halfen, und deshalb beschlossen wir, zu helfen.

Die Menschenkinder erklärten sich bereit, auf die Erde zurückzukehren. Wir Engel sollten die schwierige Aufgabe erfüllen, sie nach der langen Reise daran zu erinnern, wozu sie auf die Erde gekommen waren. Denn die Reise war so lang, und die Menschenkinder würden viel von dem vergessen haben, was sie eigentlich wußten.

Und jetzt bin ich da, ich, dein Engel, und sage dir:

„Wache auf, Menschenkind! Erinnere dich an das wunderbare Land und daran, daß wir aus der Erde ein wunderbares Land machen wollen. Ich will dir sagen, wie du das am besten anfängst.

Schau dir die Pflanzen an, zum Beispiel die Bäume. Siehst du, daß einige von ihnen krank sind? Lege deine Hände auf den Stamm und sprich zu den Bäumen. Sage ihnen, daß du sie lieb hast, und frage die Baumelfen, was du für sie tun kannst. Dann werde ganz still und lausche, denn du kannst die Antwort der Baumelfen genauso hören wie meine Antwort. Damals, im wunderbaren Land, haben wir ausgemacht, daß wir alle einander helfen. Werde deshalb der Freund der Pflanzenelfen. Setze dich zu ihnen auf eine blühende Wiese oder in einen Garten, werde still und lausche ihren Stimmen. Reiße nie Blätter oder Blumen zum Spaß ab! Denke an die Elfen und daran, daß du ihr Freund werden willst.

Lerne wieder, die Tiere zu verstehen. Sprich zu jedem Tier, nicht nur zu deinem Hund oder deiner Katze, sondern auch zu den Bienen, den Schmetterlingen, ja selbst dem Regenwurm. Deine Worte werden sie nicht verstehen, doch die Liebe deines Herzens, die hinter deinen Worten leuchtet, versteht jedes Tier. Sie tut ihm gut, es fühlt sich geliebt und verstanden. Töte nie ein Tier zum Spaß! Wenn du ihnen weh tust, vergißt du, wer du wirklich bist, du vergißt das wunderbare Land und deinen Engel. Denn auch die Tiere sind deine Freunde und brauchen dich. Und du brauchst die Tiere.

Gehe liebevoll mit der Erde um. Vergiß nicht, für die Zeit deines Aufenthaltes auf diesem Planeten ist sie auch deine Mutter. Wenn du spazierengehst oder draußen spielst, dann denke ab und zu an Mutter Erde. Schicke ihr einen Gruß, etwa so: „Liebe Mutter

Erde, es ist so herrlich, auf dir zu spielen!“ Es ist nicht so wichtig, was du zu ihr sagst, es ist wichtig, daß du an sie denkst.

Das Spiel, Mutter Erde in das wunderbare Land zu verwandeln, ist ein herrliches Spiel. Du springst auf der Wiese herum und weißt, Mutter Erde trägt dich, die Graselfen winken dir zu, und die Schmetterlinge tanzen mit dir nach dem Lied, das die Vögel singen. Dann kommen deine Freunde, und du erinnerst dich daran, daß ihr euch schon aus dem wunderbaren Land kennt, und dein Herz schickt ihnen Grüße, die sie verstehen. Und du weißt die ganze Zeit über, daß ich bei dir bin.

Wenn du dir mal nicht sicher bist, dann schließe deine Augen und lehne dich zurück in meine Arme. Fühlst du meine Nähe, wie lieb ich dich habe?

Du siehst, es ist gar nicht so schwer, Mutter Erde zu helfen. Du hilfst ihr, indem du an sie denkst und ihre Geschöpfe lieb hast. Denn die Liebe deines Herzens hat eine große Kraft, die viele schlimme Schäden heilen kann. So trägst du deinen Teil dazu bei, und glaube nicht, daß dein Teil unwichtig ist. Jeder Teil ist gleich wichtig, egal, wer ihn ausführt, ob es die großen Leute, die Engel oder die Kinder tun. Denn wir alle wollen Mutter Erde helfen, und Mutter Erde braucht jeden von uns.

Komm, laß uns dieses Spiel zusammen spielen! Laß es uns jeden Tag zusammen spielen. Lache dein glückliches Lachen, damit machst du alles wieder heil.

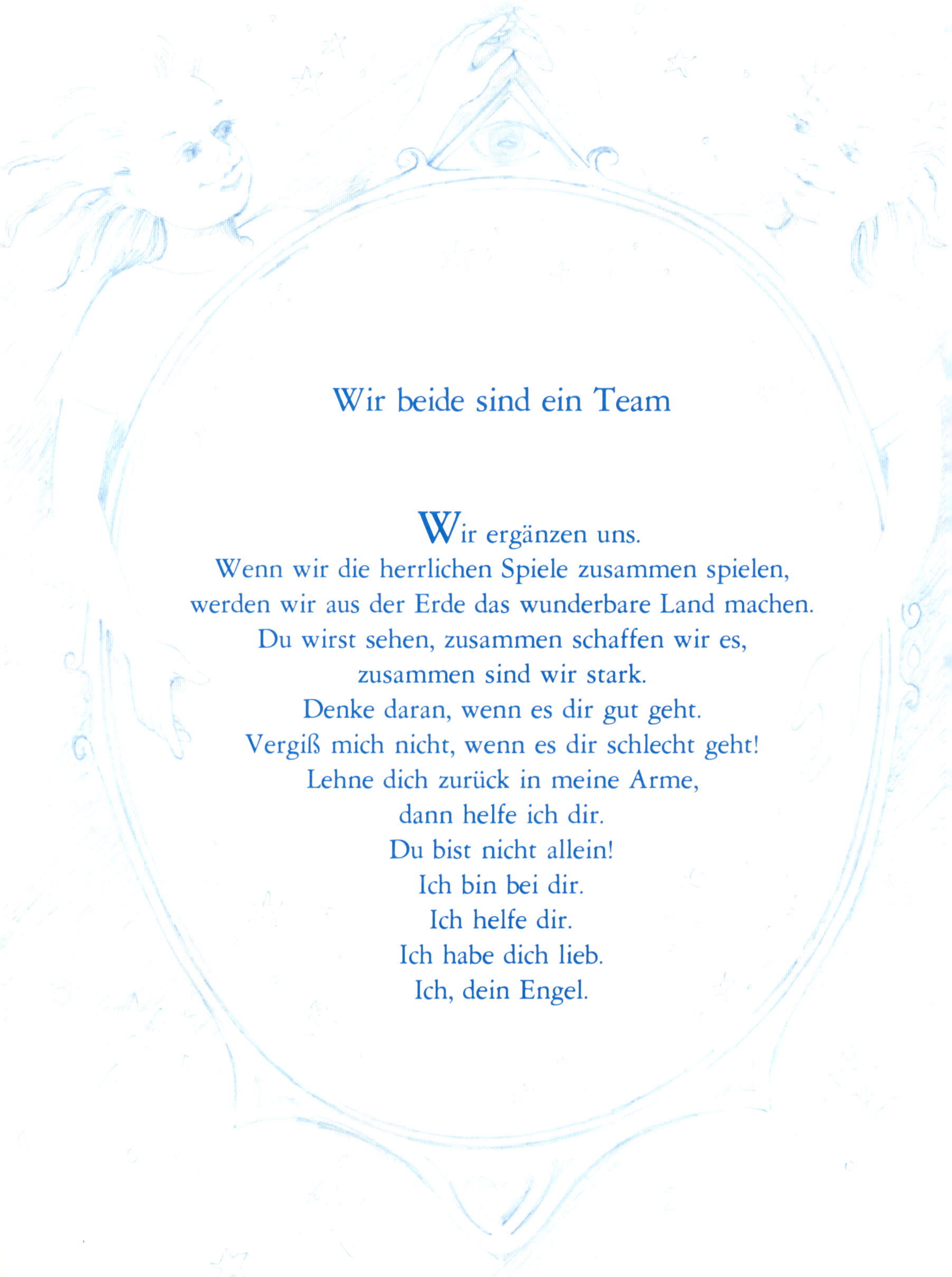

Wir beide sind ein Team

Wir ergänzen uns.
Wenn wir die herrlichen Spiele zusammen spielen,
werden wir aus der Erde das wunderbare Land machen.
Du wirst sehen, zusammen schaffen wir es,
zusammen sind wir stark.
Denke daran, wenn es dir gut geht.
Vergiß mich nicht, wenn es dir schlecht geht!
Lehne dich zurück in meine Arme,
dann helfe ich dir.
Du bist nicht allein!
Ich bin bei dir.
Ich helfe dir.
Ich habe dich lieb.
Ich, dein Engel.

... kennt Ihr schon die anderen
Kinderbücher vom **ch. falk-verlag?**
... dann blättert mal um ...

Mira und der Kreidestrich	(ab 6 J.)	24,00
Ami — der Junge von den Sternen	(ab 8 J.)	25,—
Der Flammende Vogel und andere Geschichten	(ab 12 J.)	24,—
Emirs Erziehung im rechten Gebrauch der magischen Kräfte	(ab 9 J.)	22,—
Jacomos Regenbogentraum	(ab 4 J.)	24,80
Jacomo baut ein Medizinrad	(ab 6 J.)	26,80
Das Buch vom wahren Zaubern	(ab 6 J.)	16,80
Das Geheimnis des friedlichen Kriegers	(ab 8 J.)	29,80
Der Weg zum Löwenthron — Die Kindheit des 14. Dalai Lama	(ab 8 J.)	27,80
Kinder heilen Bäume und Tiere	(ab 8 J.)	29,80

mit den Kassetten

MC *Die Elfen und das Christkind* Weihnachtsgeschichte/Hörspiel	(ab 5 J.)	24,—
MC *Die Lieder der Feen* (zum Buch vom wahren Zaubern)	(ab 6 J.)	24,—
MC *Guten Morgen/Gute Nacht* Lieder zum Aufwachen und Einschlafen für Kinder	(ab 4 J.)	21,—

ch. falk-verlag

83370 seeon · ischl 11